Günther Thomé, Dorothea Thomé

DEUTSCH: ERSTE WÖRTER LEGEN UND LESEN

BASISKONZEPT LESEN

Ausschneidematerialien

- für Deutsch als Erst-, Zweit- und Fremdsprache
- für die LRS-/Legasthenie-Förderung

2., verbesserte Auflage

Institut für sprachliche Bildung – Fachverlag

Bibliografische Information der Deutschen Nationalbibliothek
Die Deutsche Nationalbibliothek verzeichnet die
Publikation in der Deutschen Nationalbibliografie;
detaillierte bibliografische Daten sind im Internet
über https://www.dnb.de abrufbar.

2., verbesserte Auflage

Basiskonzept Lesen, weitere Materialien:

- Besser lesen lernen, ISBN 978-3-942122269
- Poster, A1: Alle Laute, ISBN 978-3-942122276
- Lautrichtig lesen, 20 ident. Schülerkarten, 1 Lehrerkarte, 978-3-942122177
- 3 Lesehefte, ISBN 978-3-942122122, 978-3-942122139, 978-3-942122146
- Paul Maar: Klabautermann, ISBN 978-3-942122184

Illustrationen und Gestaltung D. Orie
www.isb-oldenburg.de/materialien.html
CO^2-kompensiert, klimaneutral gedruckt in Deutschland
Klimaneutral Druckprodukt ClimatePartner.com/10704-2004-1011
ISBN 978-3-94212220-7

INHALT

Zeichenerklärung

Diese kleine Schnecke zeigt, dass es sich hier um einen Langvokal (einen langen Selbstlaut) handelt. Im Wort *H**A**SE* ist das AAAAA lang auszusprechen, in *der W**E**G* das EEEEE und im Wort *H**O**SE* das OOOOO. Üblich ist häufig eine Unterstreichung unter den Langvokalen : *der H<u>A</u>SE*, *der W<u>E</u>G* oder *die H<u>O</u>SE*. In diesem Heft werden auch die drei Zwielaute EI, AU, EU (*das **<u>EI</u>**S*, *das **<u>AU</u>**TO,* die ***<u>EU</u>**LE)* wie Langvokale behandelt und sind unterstrichen.

Dieser Ball zeigt an, dass es sich um einen Kurzvokal (= einen kurzen Selbstlaut) handelt. Beispiele mit dem Ball:

T**I**SCH	Hier zeigt der Ball an, dass es sich um ein kurz auszusprechendes I handelt, also ein I wie in den Wörtern *der T**I**SCH***,** *der F**I**SCH* oder *die **I**NSEL* (nicht IIIII oder TIIIIISCH sagen).
AST	Hier ist ein kurzes A markiert, also ein A wie in den Wörtern *der **A**ST*, *der **A**PFEL* oder *das D**A**CH* (nicht AAAAA oder AAAAAST sagen).

AU | T | O

B | Ä | R

L | Ö | W | E

W | IE | S | E

EINLEITUNG und Vorbereitung

Mit dem **Basiskonzept Lesen** lernt man, Wörter in die richtigen Laute und in die entsprechenden Schrifteinheiten zu gliedern. Damit ist der allerbeste Einstieg in die Schrift gewährleistet. Manchmal stehen zwei oder drei Buchstaben für einen einzigen Laut. Das Besondere des Basiskonzepts ist es, den enormen Nutzen von korrekten Grund-Elementen unserer Sprache und unserer Schrift deutlich zu machen. Beispiele für richtige Laut-Schrift-Beziehungen sind **SCH** oder **NG**. Die beiden Buchstabenkombinationen stehen jeweils nur **einem** Laut gegenüber und sind deshalb auch als Einheiten zu sehen. In fast allen gängigen Materialien werden stattdessen Einzelbuchstaben vorgegeben. Leider wird damit ein zügiger Leseerwerb deutlich erschwert, denn es bleibt den Lernern überlassen, z. B. aus S, C und H eine schriftliche Einheit zusammenzubauen, die für einen Laut steht. In unserem Lernmaterial werden solche Stolpersteine garantiert vermieden.

Die **Zielgruppe,** für die dieses Heft entwickelt wurde, ist nicht über das Alter, sondern in erster Linie über den Kenntnisstand definiert. Das Material kann **sehr flexibel** und vielfältig eingesetzt werden: für Lerner in größeren oder kleinen Gruppen, für Lernstationen, für die Frei- oder Partnerarbeit oder die individuelle Förderung eines einzelnen Kindes, Schülers oder Erwachsenen, auch mit geringen Deutsch- oder Schriftkenntnissen.

Zur **Vorbereitung** müssen alle benötigten Karten an den vorgedruckten Linien ausgeschnitten werden. Mit einem einfachen Schneidegerät dauert es nur wenige Minuten, mit einer Schere etwas länger. Zur **Aufbewahrung** der Kärtchen eignen sich beschriftete Briefumschläge, Klarsichthüllen oder Schachteln. Dann hat man alles geordnet und schnell griffbereit. Als Sortierhilfe dienen die unterschiedlichen Farben auf der Rückseite der Karten.

Für einige Spiele (z. B. Merkfix oder für die Arbeit mit den Legeplatten) gibt es Kartenpaare, die zusammengehören: **eine Bildkarte und eine Wortkarte**. Weiterhin gibt es kleine **Schriftkärtchen** für das Wörterlegen. Auf diesen Schriftkärtchen und auch auf den Wortkarten sind die Buchstaben zum besseren Erkennen, wo unten und oben ist, deutlich im unteren Drittel angeordnet. Die folgenden Lernspiele sind für unterschiedliche **Lernziele** gedacht. Dabei geht es vom Benennen abgebildeter Gegenstände in deutscher Sprache bis zum Lesen einfacher Wörter und dem Zusammenfügen von Schriftzeichen zu Wörtern. Überflüssig zu erwähnen, dass es bei den Lernspielen nicht wichtig ist, wer der oder die Erste ist. Es gibt nur Gewinner oder wenigstens nur erste, zweite oder dritte Gewinner usw. Die Lehrperson entscheidet nach den Fähigkeiten der Lerngruppe und den Lernzielen, welche Spiele durchgeführt werden. Vor jedem Spiel sollte geklärt werden, was auf den Karten zu sehen ist.

Lern- und Übungsspiele

KARTENRATEN (kleine Gruppen, nur sechs bis zehn Bildkarten, später Wortkarten)

Gespielt wird in kleinen Gruppen mit wenigen Bildkarten. Den Mitspielern muss einmal vorgestellt werden, was auf den Karten zu sehen ist. Die Karten werden gemischt und verdeckt nebeneinander ausgelegt. Die Lerner raten nun reihum, welche Abbildung auf einer beliebigen Karte sein könnte. Sie tippen z. B. auf eine Karte und sagen: „Hier ist ein Dach." Dann wird die Bildkarte aufgedeckt. Die anderen Lerner kontrollieren und entscheiden: „Ja, richtig", oder, „Nein, leider falsch". Hat der Lerner richtig geraten, darf er die Karte behalten und erneut raten. Wenn nicht, dann ist der nächste Schüler an der Reihe. Es wird gespielt, bis alle Karten verteilt sind.

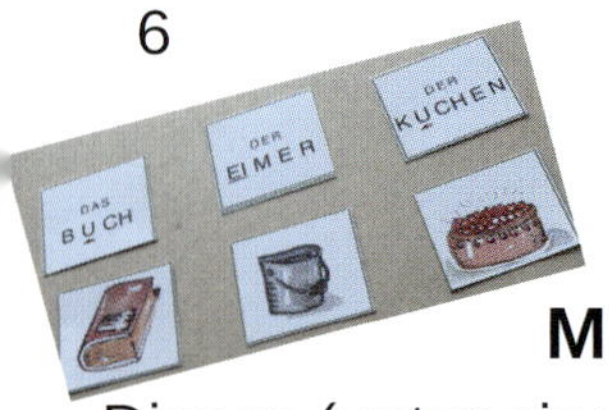

MERKFIX (ein bis mehrere Spieler, Kartenpaare, S. 7–22 oder S. 31–34)

Dieses (unter einem anderen Namen) bekannte Spiel eignet sich hervorragend für den Anfangsunterricht. Entsprechend des Alters oder des Kenntnisstands werden mehr oder weniger Karten ausgewählt. Wichtig ist, dass es Kartenpaare sind, also je eine Bild- und eine passende Wortkarte. Die Karten werden gemischt und mit der Vorderseite nach oben in Reihen ausgelegt. Hier kann man bei Bedarf erneut besprechen, was auf den Karten zu sehen oder zu lesen ist. Nun versuchen die Lerner, sich möglichst viele Karten zu merken. Danach werden alle Karten umgedreht. Sie bleiben aber auf demselben Platz. Der jüngste Spieler darf nun zwei beliebige Karten umdrehen. Die Wortkarten werden möglichst vorgelesen; die Bildkarten sollen benannt werden. Ziel des Lernspiels ist es, passende Bild-Wort-Paare zu finden. Wenn ein Lerner ein Paar gefunden hat, legt er es vor sich hin und darf noch einmal zwei Karten aufdecken. Wenn diese nicht zusammengehören, dreht er sie um und legt sie an ihren Platz zurück. Dann versucht der nächste Lerner sein Glück. Das Spielende ist erreicht, wenn alle Kartenpaare gefunden sind.

PARTNERSPIEL (Spielerpaare, acht oder mehr Kartenpaare, S. 7–22, S. 31–34)

Dieses Spiel eignet sich gut, um auf der rein sprachlichen Ebene die Wörter zu lernen und zu üben. Erste Lesekenntnisse sind nötig. Gespielt wird in Paaren, mit einer geraden Zahl an Lernern und an Kartenpaaren. Die Spielleitung teilt alle Lerner in zwei Gruppen ein. Jeder Lerner der einen Gruppe bekommt eine Bildkarte, jeder aus der anderen eine Wortkarte. Alle gehen dann mit ihrer Karte im Raum herum und suchen den Partner mit der passenden Wort- oder Bildkarte. Dabei fragen sie z. B.: „Hast du ein Auto?“ Wer seinen Partner gefunden hat, kann sich hinsetzen. Das Spiel ist fertig, wenn alle Paare sitzen.

HOPPEL-POPPEL (Spielerpaare, je Spielerpaar eine Bild- und eine Wortkarte)

Die Lehrperson gibt jedem Lernerpaar eine Bildkarte. Die entsprechenden Wortkarten werden von ihr im Raum verteilt. Mit Spielbeginn versuchen nun alle Lerner, die passende Wort- zu ihrer Bildkarte zu finden. Jedes Paar, das die richtige Wortkarte gefunden hat, kann sich hinsetzen. Wenn alle sitzen, darf ein ausgewähltes Lernerpaar die nächsten Karten ausgeben und verstecken.

DOMINO (für Einzelspieler bis hin zu kleinen Gruppen, 24 Dominokarten, ab S. 27)

Alle Dominokarten werden gemischt und an alle Lerner verteilt. Der jüngste Spieler legt die erste Karte auf den Tisch. Reihum versucht nun jede/r eine Dominokarte anzulegen, die zu den Bildern oder Wörtern passt (Wort zu Bild oder Bild zu Wort). Gespielt wird, bis keine Karte mehr übrig sind.

LEGEPLATTEN (für ein bis mehrere Lerner, auf den S. 35–37)

Der Grundgedanke bei dieser Übung ist, dass die Lerner wichtige Schrifteinheiten kennenlernen, die im Deutschen für einen Laut stehen. Diese Einheiten können aus einem, zwei oder drei Buchstaben bestehen. Hierzu sind große Legeplatten vorbereitet. In das untere Feld wird eine Wort- oder Bildkarte gelegt; in die oberen drei bis fünf Felder werden die Schriftkärtchen für das jeweilige Bild oder Wort platziert. Eine Liste mit allen gegliederten Wörtern ist auf der Seite 39 zu finden.

Durch das Sprechen der einzelnen Laute, das Legen und Lesen der Schriftzeichen und das Einprägen der Verbindung dieser Einheiten wird der Einstieg ins Lesen und Schreiben optimal vorbereitet. Der Schwierigkeitsgrad lässt sich durch die Auswahl der Legeplatten (von 3 bis 5 Karten) steigern. Anfangs verwendet man die Wortkarten, nach einiger Übung kann man die Bildkarten einsetzen.

✂ AUSSCHNEIDEMATERIAL: **BILDKARTEN** (Teil 1 von 4 Teilen)

der A S T
das AU T O
der B Ä R
der B AU M
die B E R G E
die B IE N E
die B L UM E
der B R IE F
das B R O T
das B U CH
die B Ü SCH E
das D A CH

✂ AUSSCHNEIDEMATERIAL: **BILDKARTEN** (Teil 2 von 4 Teilen)

das EI
die ENTE
die FEDER
die GABEL

der EIMER
der ESEL
der FISCH
das GLAS

das EIS
die EULE
der FROSCH
GRÜN

✂ AUSSCHNEIDEMATERIAL: **BILDKARTEN** (Teil 3 von 4 Teilen)

der H A S E
die H O S E
die I N S E L
der K U CH E N

das H AU S
die H U N D E
der J U NG E
die L A M P E

das H E R Z
die H Ü T E
der K Ä S E
der L Ö W E

✂ AUSSCHNEIDEMATERIAL: **BILDKARTEN** (Teil 4 von 4 Teilen)

die MAUS	die NASE	die PILZE
der RING	ROT	das SCHAF
das SEIL	der TISCH	die TÖPFE
die WIESE	der ZAUN	das ZELT

✂ AUSSCHNEIDEMATERIAL: **WORTKARTEN** (Teil 1 von 4 Teilen)

Die Schnecke zeigt an, dass es sich hier um einen **langen** Selbstlaut (Vokal) handelt. Der Ball weist dagegen auf einen **kurzen** Selbstlaut hin (mehr: Zeichenerklärung, S. 3).

DER AST	DAS AUTO	DER BÄR
DER BAUM	DIE BERGE	DIE BIENE
DIE BLUME	DER BRIEF	DAS BROT
DAS BUCH	DIE BÜSCHE	DAS DACH

✂ AUSSCHNEIDEMATERIAL: **WORTKARTEN** (Teil 2 von 4 Teilen)

DAS EI	DER EI M E R	DAS EI S
DIE E N T E	DER E S E L	DIE EU L E
DIE F E D E R	DER F I SCH	DER F R O SCH
DIE G A B E L	DAS G L A S	G R Ü N

AUSSCHNEIDEMATERIAL: **WORTKARTEN** (Teil 3 von 4 Teilen)

DER HASE	DAS HAUS	DAS HERZ
DIE HOSE	DIE HUNDE	DIE HÜTE
DIE INSEL	DER JUNGE	DER KÄSE
DER KUCHEN	DIE LAMPE	DER LÖWE

✂ AUSSCHNEIDEMATERIAL: **WORTKARTEN** (Teil 4 von 4 Teilen)

DIE M AU S	DIE N A S E	DIE P I L Z E
DER R I NG	R O T	DAS SCH A F
DAS S EI L	DER T I SCH	DIE T Ö PF E
DIE W IE S E	DER Z AU N	DAS Z E L T

✂ AUSSCHNEIDEMATERIAL: **Schriftkärtchen** (Teil 1 von 2 Teilen)

N	N	N	N	N
E	E	E	E	E
E	R	R	R	T
T	T	D	D	D
I	I	I	A	A
A	L	L	L	S

✂ AUSSCHNEIDEMATERIAL: **Schriftkärtchen** (Teil 1 von 2 Teilen, Rückseite)

N	N	N	N	N
E	E	E	E	E
T	R	R	R	E
D	D	D	T	T
A	A	I	I	I
S	L	L	L	A

✂ AUSSCHNEIDEMATERIAL: **Schriftkärtchen** (Teil 2 von 2 Teilen)

S	S	CH	CH	M
M	EI	EI	W	W
G	B	IE	U	F
H	O	K	Z	AU
SCH	NG	P	Ü	J
Ö	EU	Ä	PF	CHS

✂ AUSSCHNEIDEMATERIAL: **Schriftkärtchen** (Teil 2 von 2 Teilen, Rücks.)

M	CH	CH	S	S
W	W	EI	EI	M
F	U	IE	B	G
AU	Z	K	O	H
J	Ü	P	NG	SCH
CHS	PF	Ä	EU	Ö

AUSSCHNEIDEMATERIAL: **DOMINOKARTEN** (Teil 1 von 2 Teilen)

DIE
NASE

DER
HASE

ROT

DER
TISCH

DAS
DACH

DER
AST

DAS
BUCH

DIE
MAUS

DAS
EIS

DIE
WIESE

DIE
ENTE

DER
BAUM

DOMINO
DOMINO
DOMINO
DOMINO
DOMINO
DOMINO
DOMINO
DOMINO
DOMINO
DOMINO
DOMINO
DOMINO

AUSSCHNEIDEMATERIAL: **DOMINOKARTEN** (Teil 2 von 2 Teilen)

DIE
B IE N E

DER
F I SCH

DAS
H AU S

DER
Z AU N

DAS
AU T O

DIE
H O S E

DAS
SCH A F

DIE
P I L Z E

DIE
H Ü T E

DER
L Ö W E

DIE
EU L E

DER
K Ä S E

DOMINO
DOMINO
DOMINO
DOMINO
DOMINO
DOMINO
DOMINO
DOMINO
DOMINO
DOMINO
DOMINO
DOMINO

✂ AUSSCHNEIDEMATERIAL: **ZAHLENKARTEN 1–12** (Wortkarten 1–12, S. 33)

✂ AUSSCHNEIDEMATERIAL: **WORTKARTEN 1–12** (Zahlenkarten 1–12, S. 31)

Warum das V im Wort V IE R und das EH im Wort Z EH N mit einer anderen Farbe markiert sind, wird auf den Seiten 39 und 40 erklärt.

EI N S	Z W EI	D R EI
V IE R	F Ü N F	S E CHS
S IE B E N	A CH T	N EU N
Z EH N	E L F	Z W Ö L F

LEGEPLATTE 3 (für 3 Schriftkärtchen)

LEGEPLATTE 4 (für 4 Schriftkärtchen)

LEGEPLATTE 5 (für 5 Schriftkärtchen)

BILDER- UND WÖRTERLISTE

der AST
das AUTO
der BÄR
der BAUM
die BERGE
die BIENE
die BLUME
der BRIEF
das BROT
das BUCH
die BÜSCHE
das DACH
das EI
der EIMER
das EIS
die ENTE
der ESEL
die EULE
die FEDER
der FISCH
der FROSCH
die GABEL
das GLAS
GRÜN

der HASE
das HAUS
das HERZ
die HOSE
die HUNDE
die HÜTE
die INSEL
der JUNGE
der KÄSE
der KUCHEN
die LAMPE
der LÖWE
die MAUS
die NASE
die PILZE
der RING
ROT
das SCHAF
das SEIL
der TISCH
die TÖPFE
die WIESE
der ZAUN
das ZELT

WÖRTER und ihre Gliederung

Eine Einheit
EI

Zwei Einheiten
EI-S

Drei Einheiten
A-CH-T
A-S-T
AU-T-O
B-Ä-R
B-AU-M
B-U-CH
D-A-CH
D-R-EI
EI-N-S
E-L-F
EU-L-E
F-I-SCH
H-AU-S
M-AU-S
N-EU-N
R-I-NG
R-O-T
SCH-A-F
S-E-CHS
S-EI-L
T-I-SCH
V-IE-R
Z-AU-N
Z-EH-N
Z-W-EI

Vier Einheiten
B-IE-N-E
B-R-IE-F
B-R-O-T
B-Ü-SCH-E
EI-M-E-R
E-N-T-E
E-S-E-L
F-R-O-SCH
F-Ü-N-F
G-L-A-S
G-R-Ü-N
H-A-S-E
H-E-R-Z
H-O-S-E
H-Ü-T-E
J-U-NG-E
K-Ä-S-E
L-Ö-W-E
N-A-S-E
T-Ö-PF-E
W-IE-S-E
Z-E-L-T

Fünf Einheiten
B-E-R-G-E
B-L-U-M-E
F-E-D-E-R
G-A-B-E-L
H-U-N-D-E
I-N-S-E-L
K-U-CH-E-N
L-A-M-P-E
P-I-L-Z-E
S-IE-B-E-N
Z-W-Ö-L-F

Warum ist das V im Wort VIER und das EH im Wort ZEHN mit einer anderen Farbe markiert? Hiermit wird gezeigt, dass es sich um seltene Schriftzeichen (Nebenschreibungen) und nicht um Basisschreibungen handelt. Für den F-Laut wird der Buchstabe **F** häufig (Basisschreibung) und das V viel seltener geschrieben (Nebenschreibung). Für den langen E-Laut wird das **E** häufig (Basisschreibung), das EH selten und das EE ganz selten verwendet (beides Nebenschreibungen).

WAS IST HÄUFIG? Zuerst kommen die häufigen Basisschreibungen:

N
Ẹ (wie in HAS**E**)
R
T
D
Ị (wie in **I**NSEL)
Ạ (wie in **A**ST)
L
-S (wie in EI**S**)
CH
S- (wie in **S**EIL)
M
EI
E
W
A
G
Ẹ (wie in Z**E**LT)
B
IE
Ụ (wie in J**U**NGE)
F
H
Ọ (wie in FR**O**SCH)
K
Z
AU
U
O
SCH
*
NG
P
**
Ü
Ụ̈ (wie in B**Ü**SCHE)
J
Ö
EU
Ä
Ọ̈ (wie in T**Ö**PFE)
PF
CHS
...

* Hier würde erst das V kommen.
** Und so selten ist das EH.